D1688678

Bärbel Haas
Schlaf gut, Maus

Wo Leben ist, da sind auch Träume –
in den großen Welten
und in den ganz kleinen auch.
Komm doch mit
auf die poetische Reise in die Nacht ...

SCHLAF GUT, MAUS

von

BÄRBEL HAAS

Irgendwo
im Sternenall…

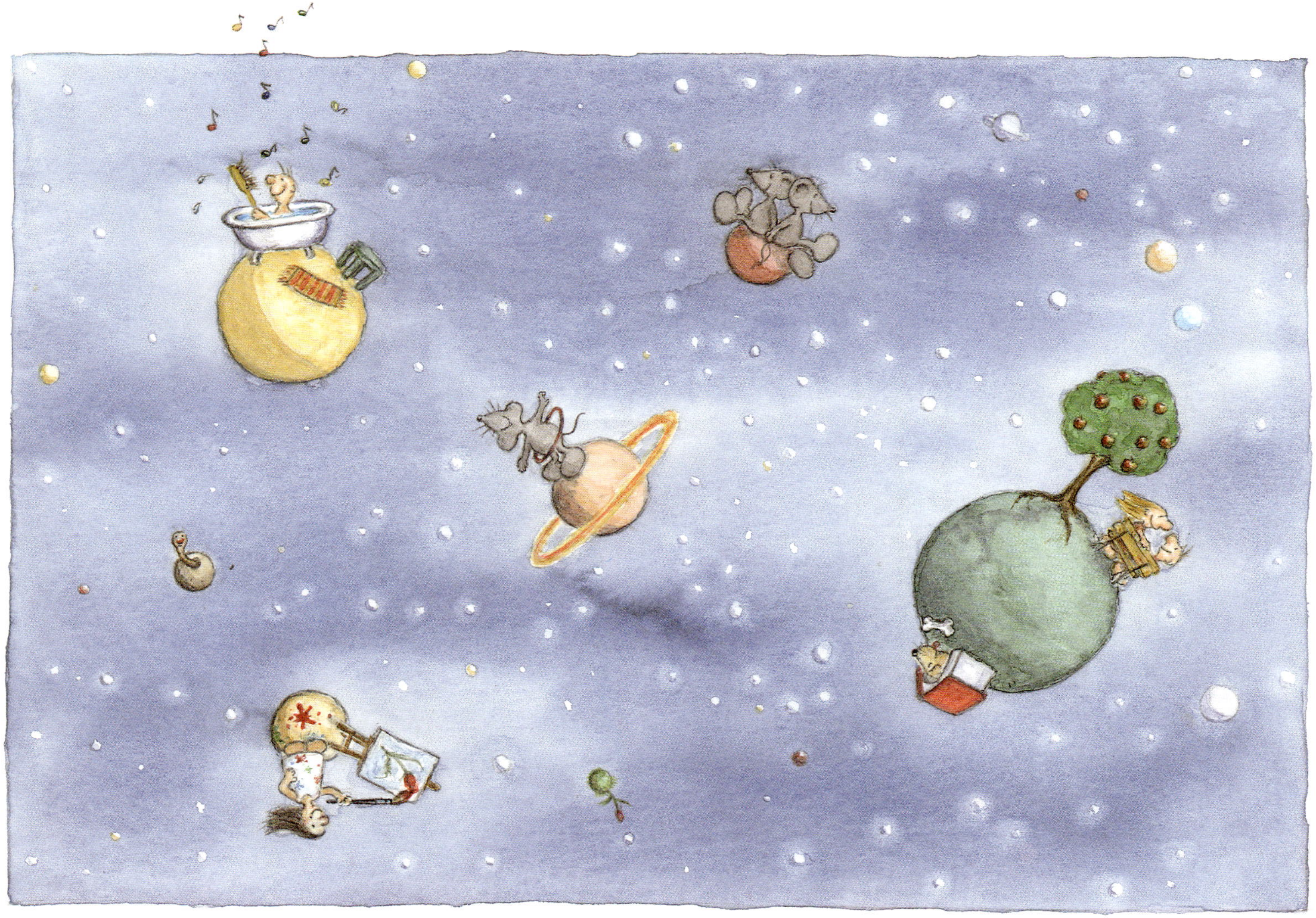

...ein blauer Ball...

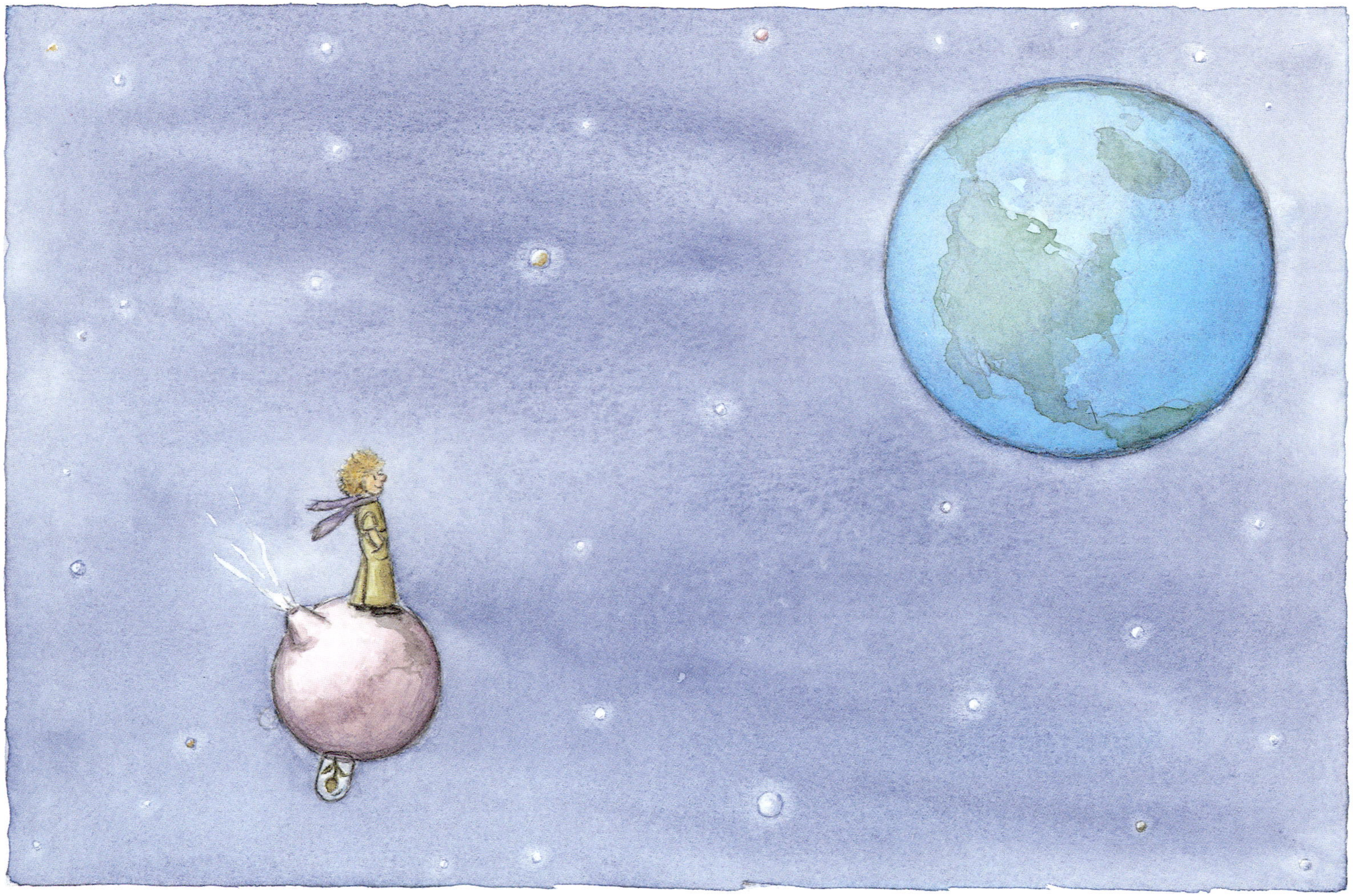

… ein Land und eine Stadt …

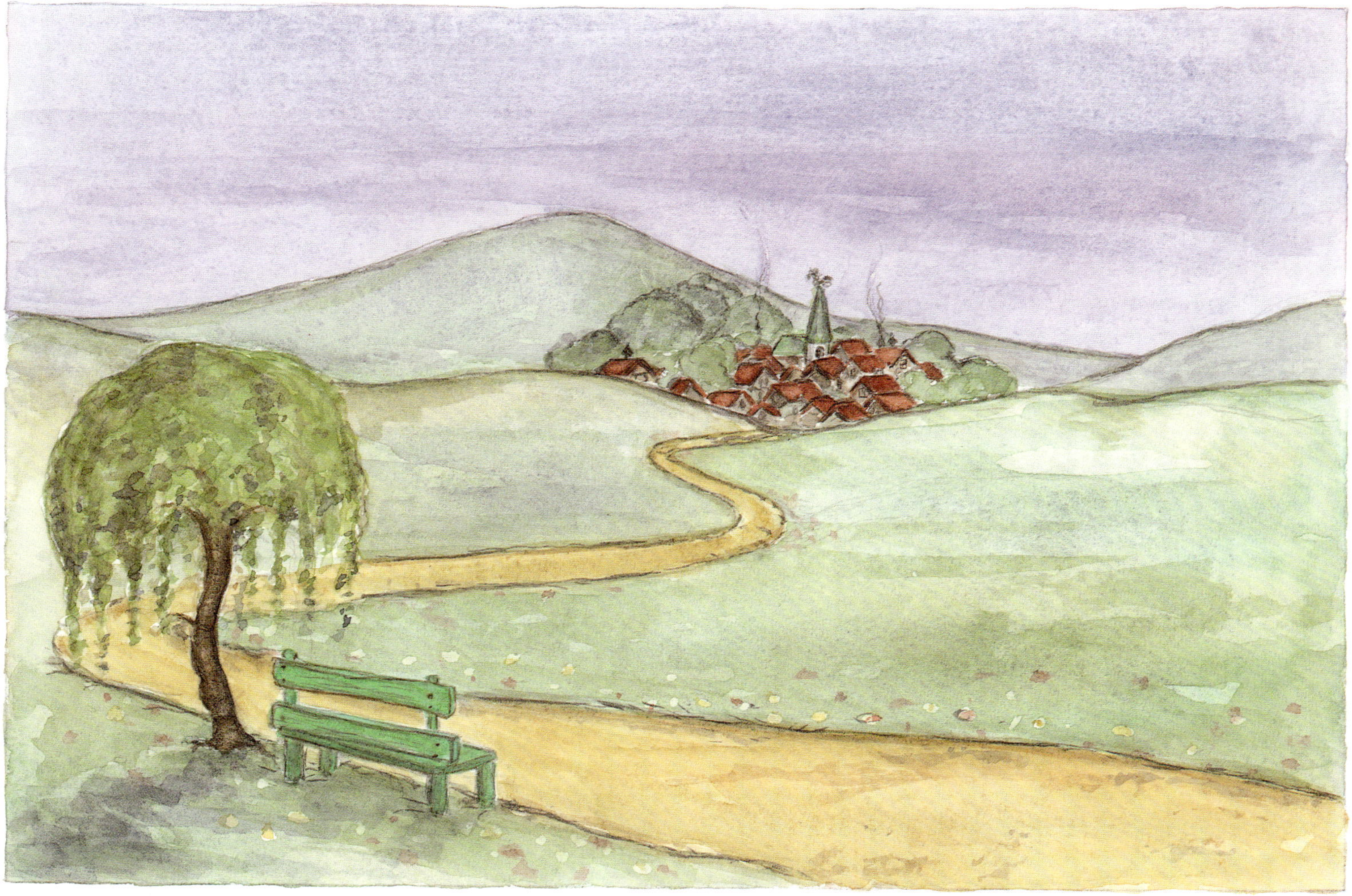

…ein Haus, das hat…

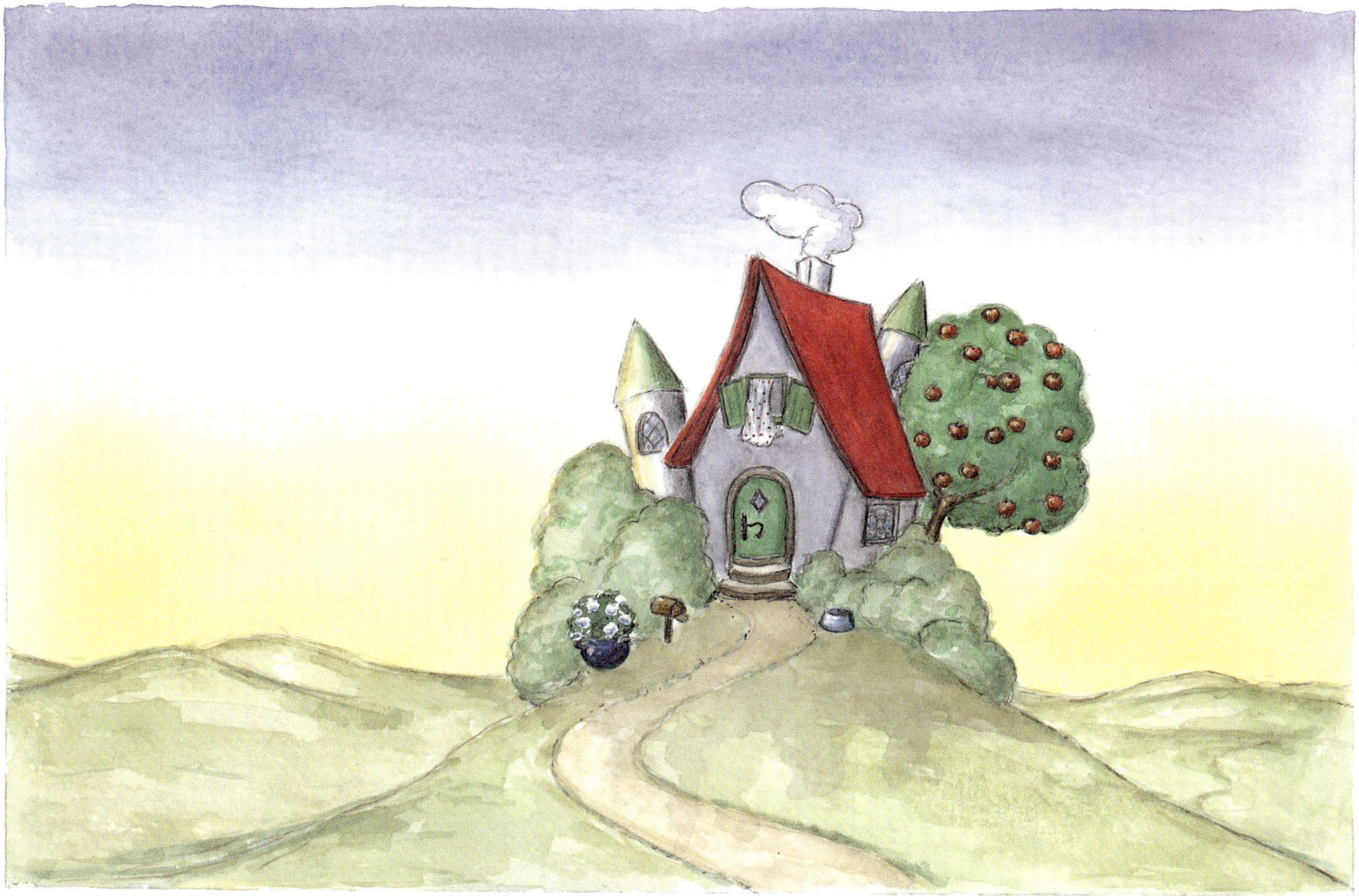

…ein kleines Loch, da wohnt die Maus.

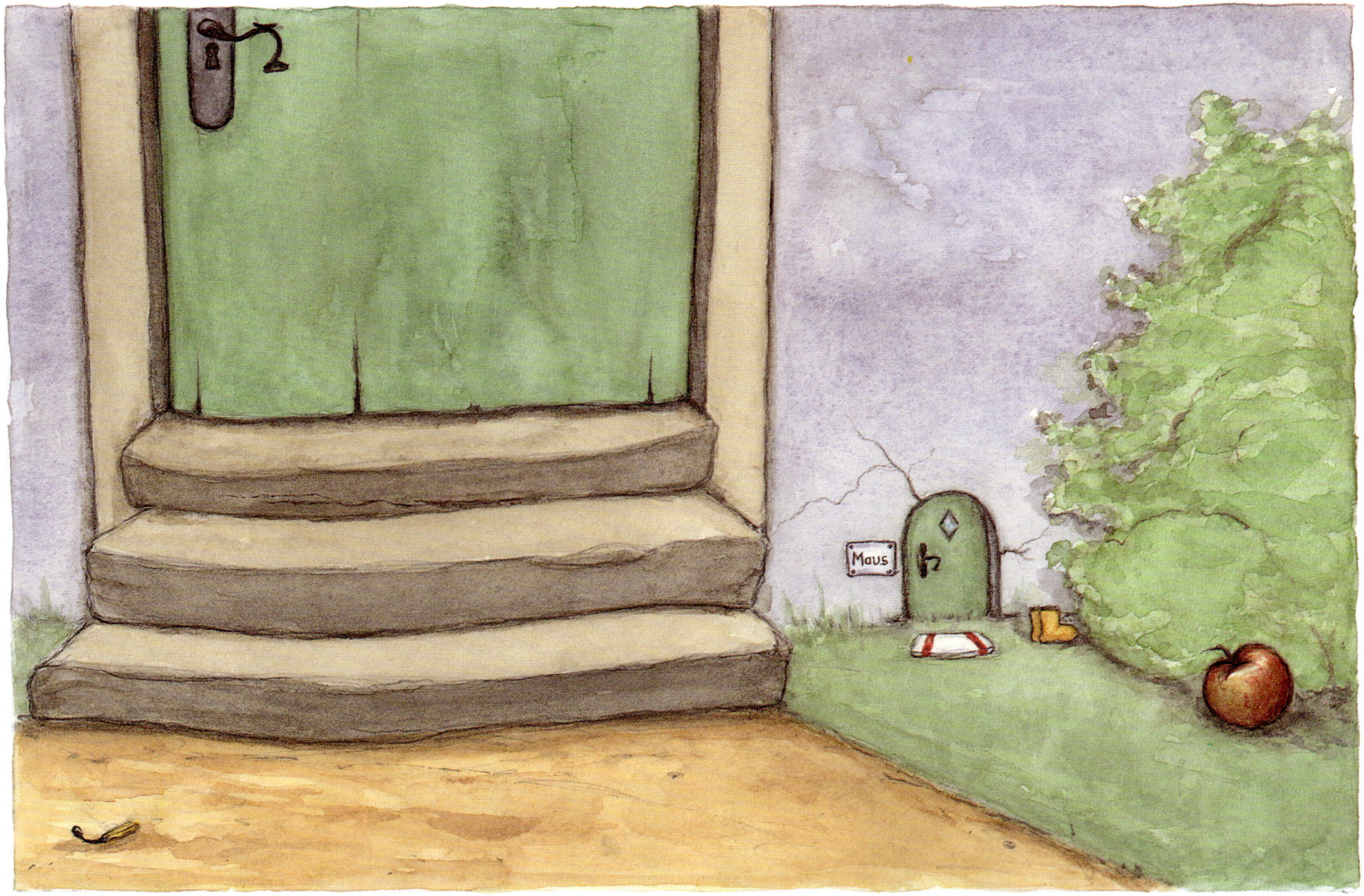
Maus

Da knipst der Tag die Sonne aus und macht…

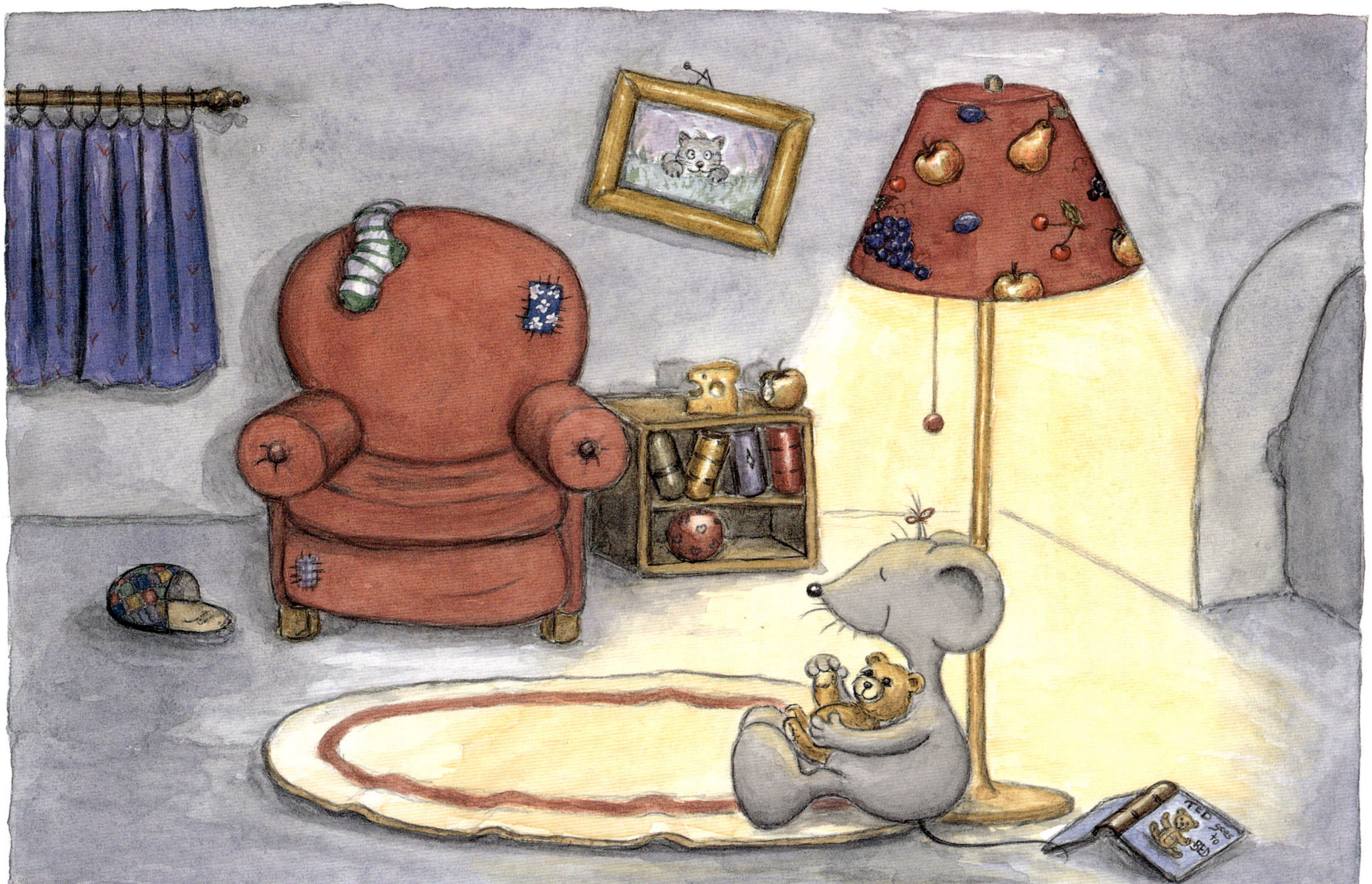
TED goes to BED

…Platz für die Nacht.

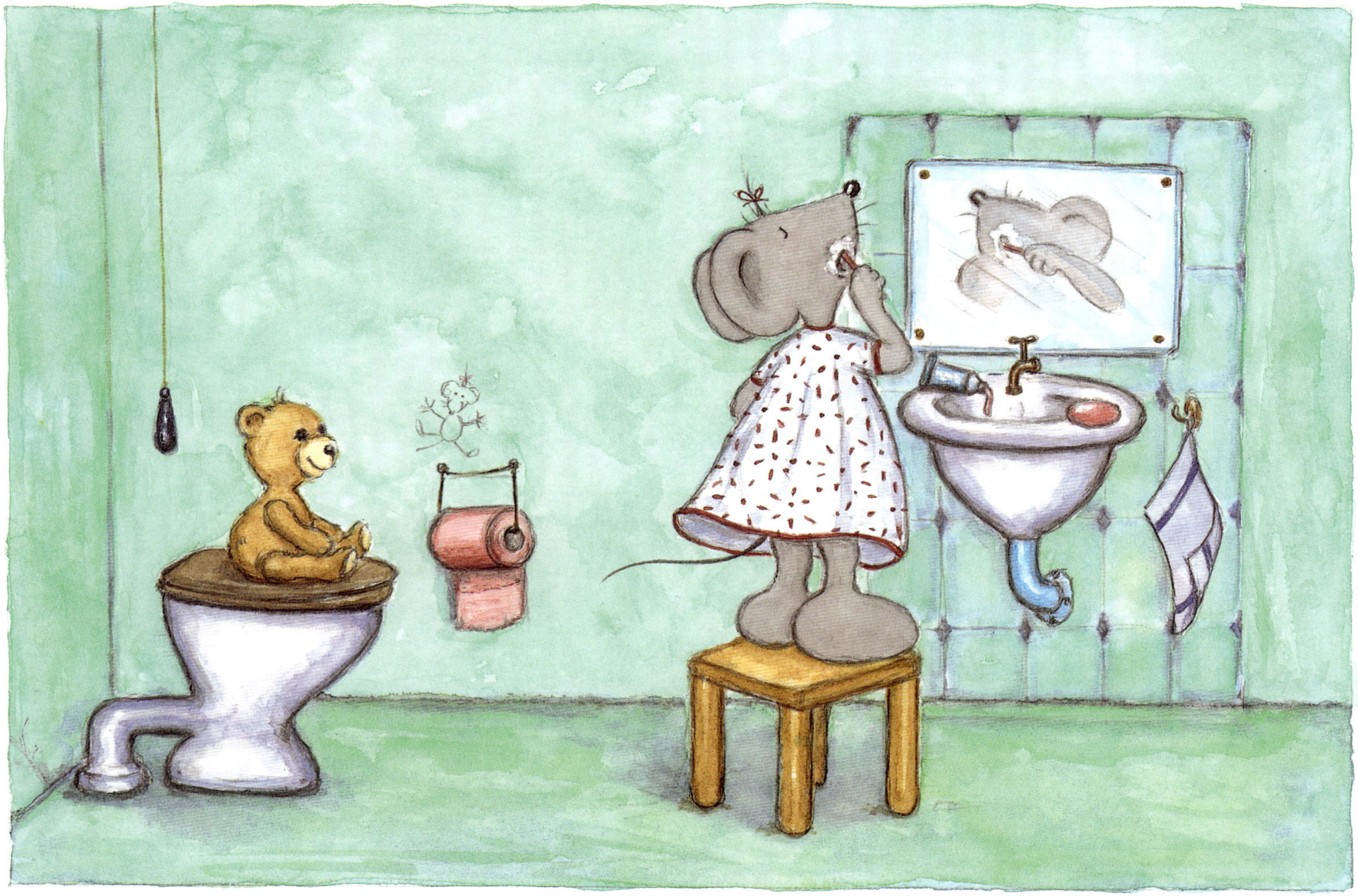

Schlaf gut, Maus!

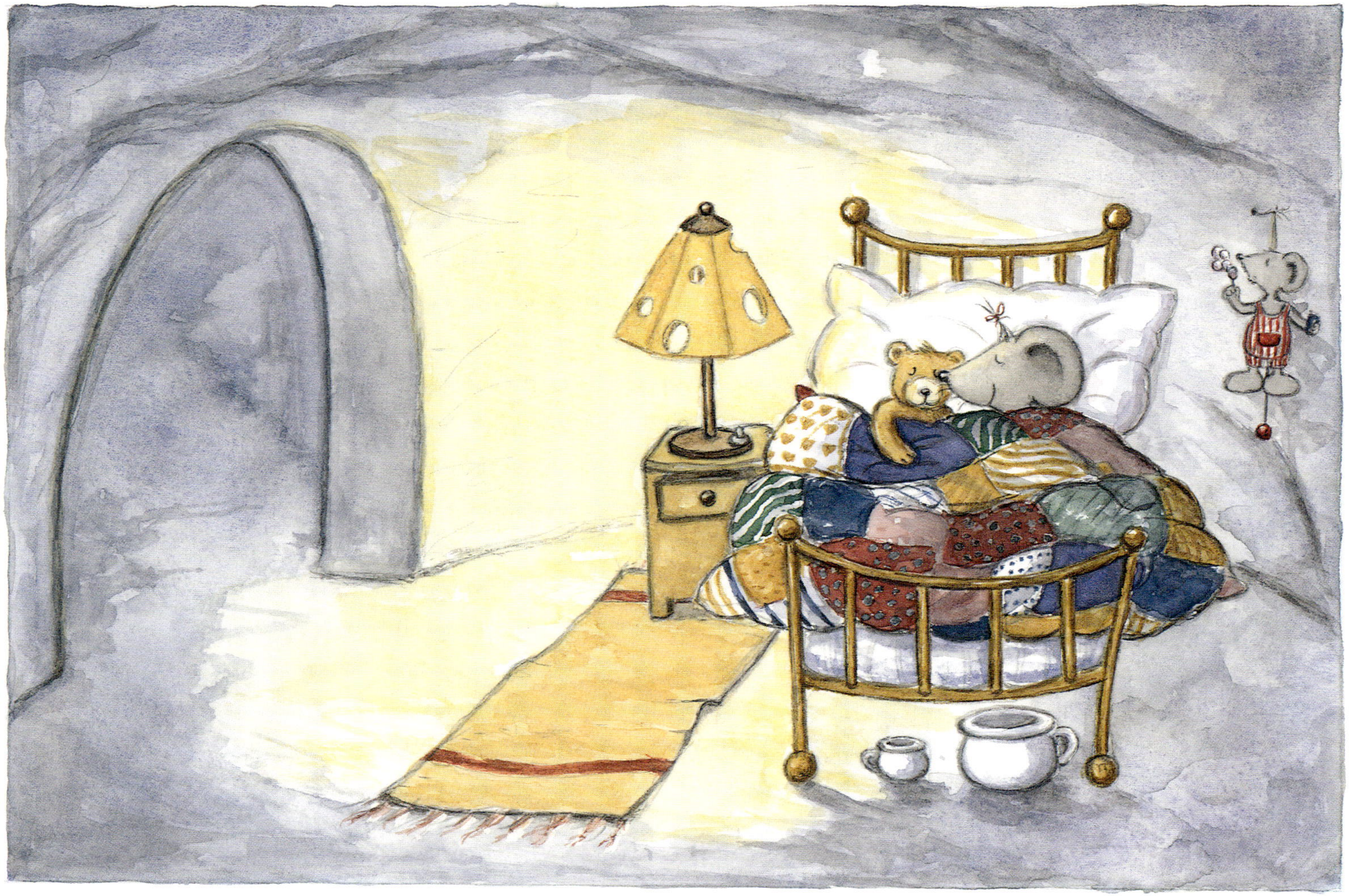

Schlaf gut, Haus!

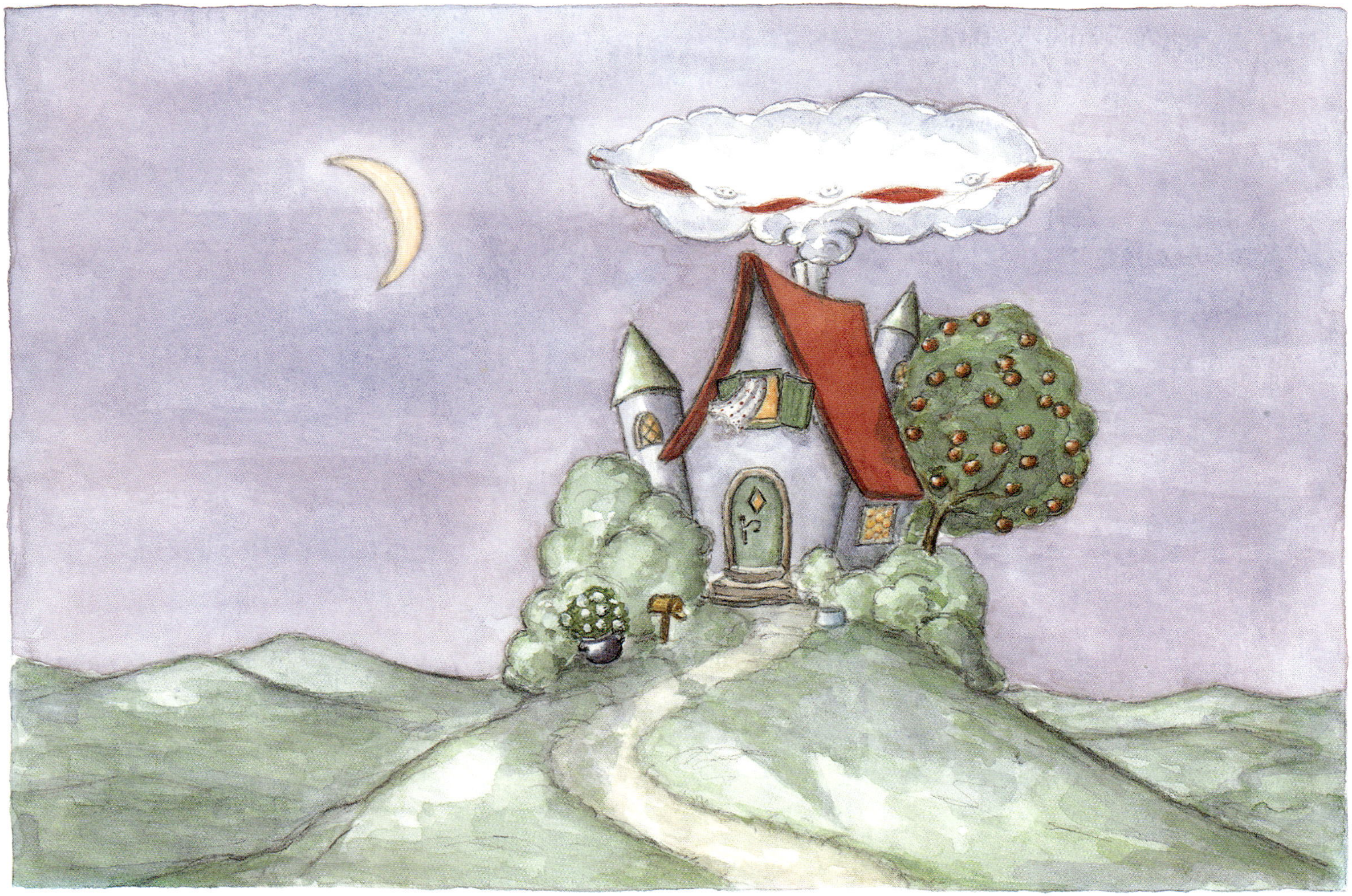

Schlaft gut, Stadt und Land!

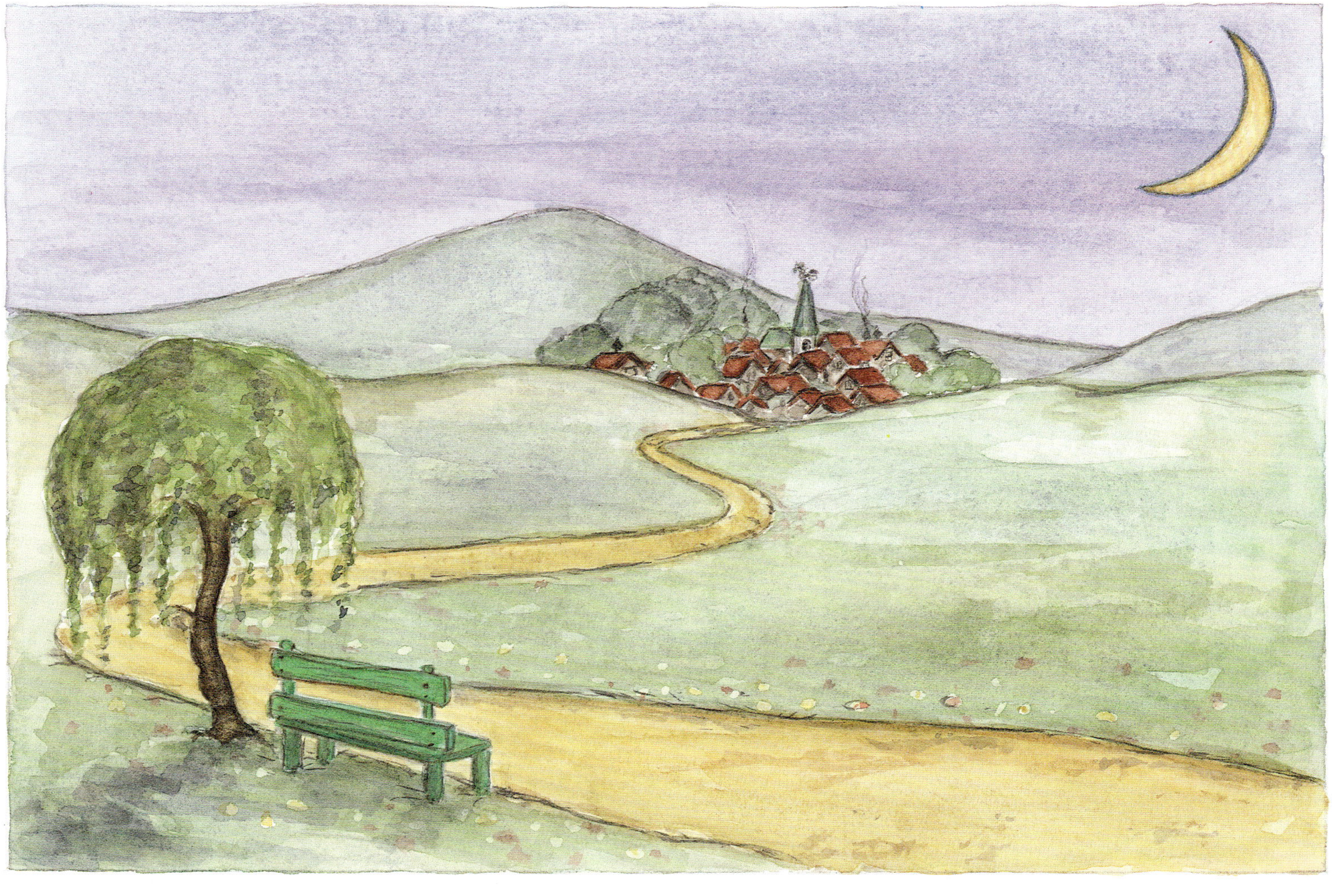

Schlaf gut, Katze an der Wand!

67692

Schlaf gut, blauer Ball!

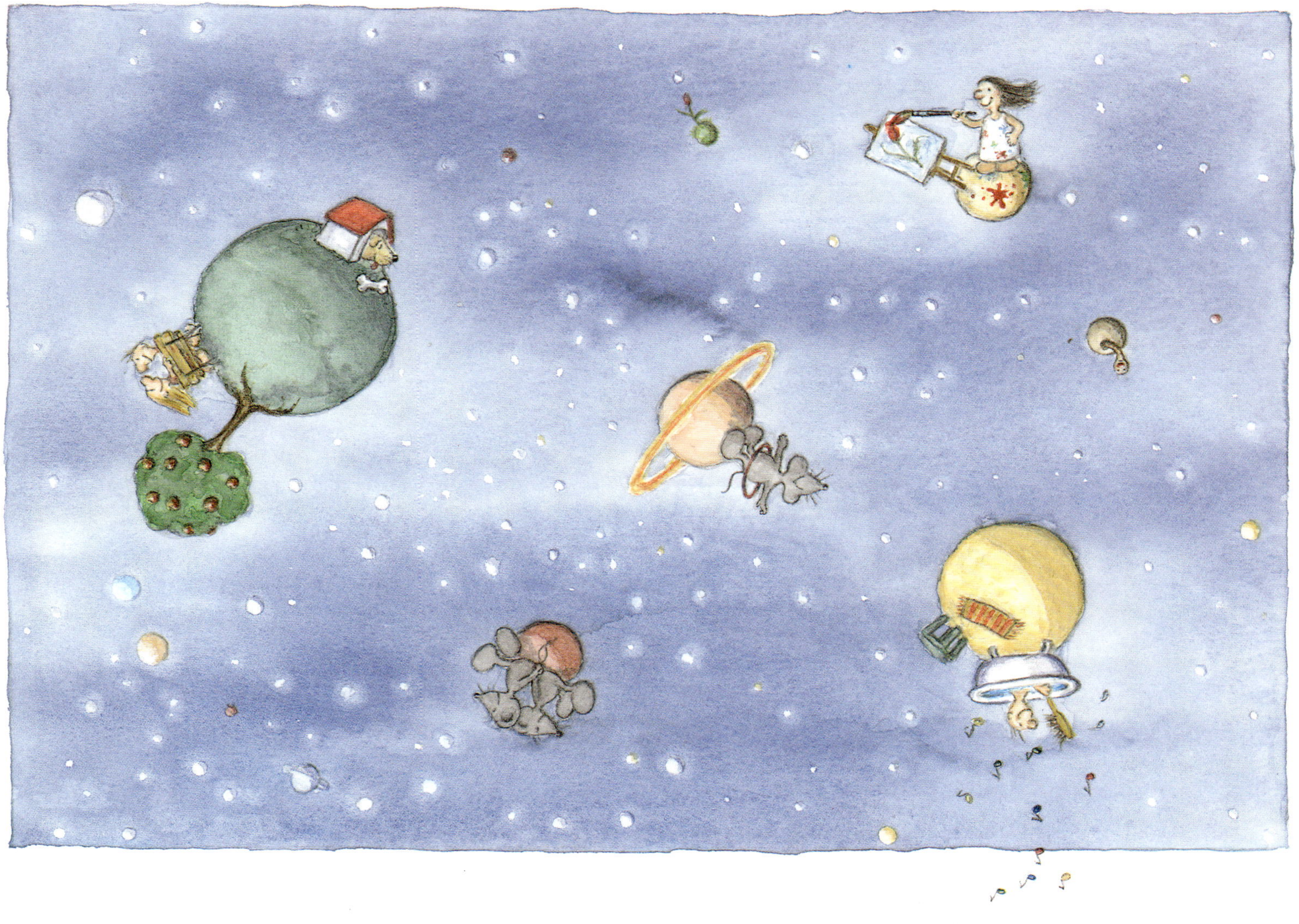

Schlaft gut, ihr Mäuse überall!

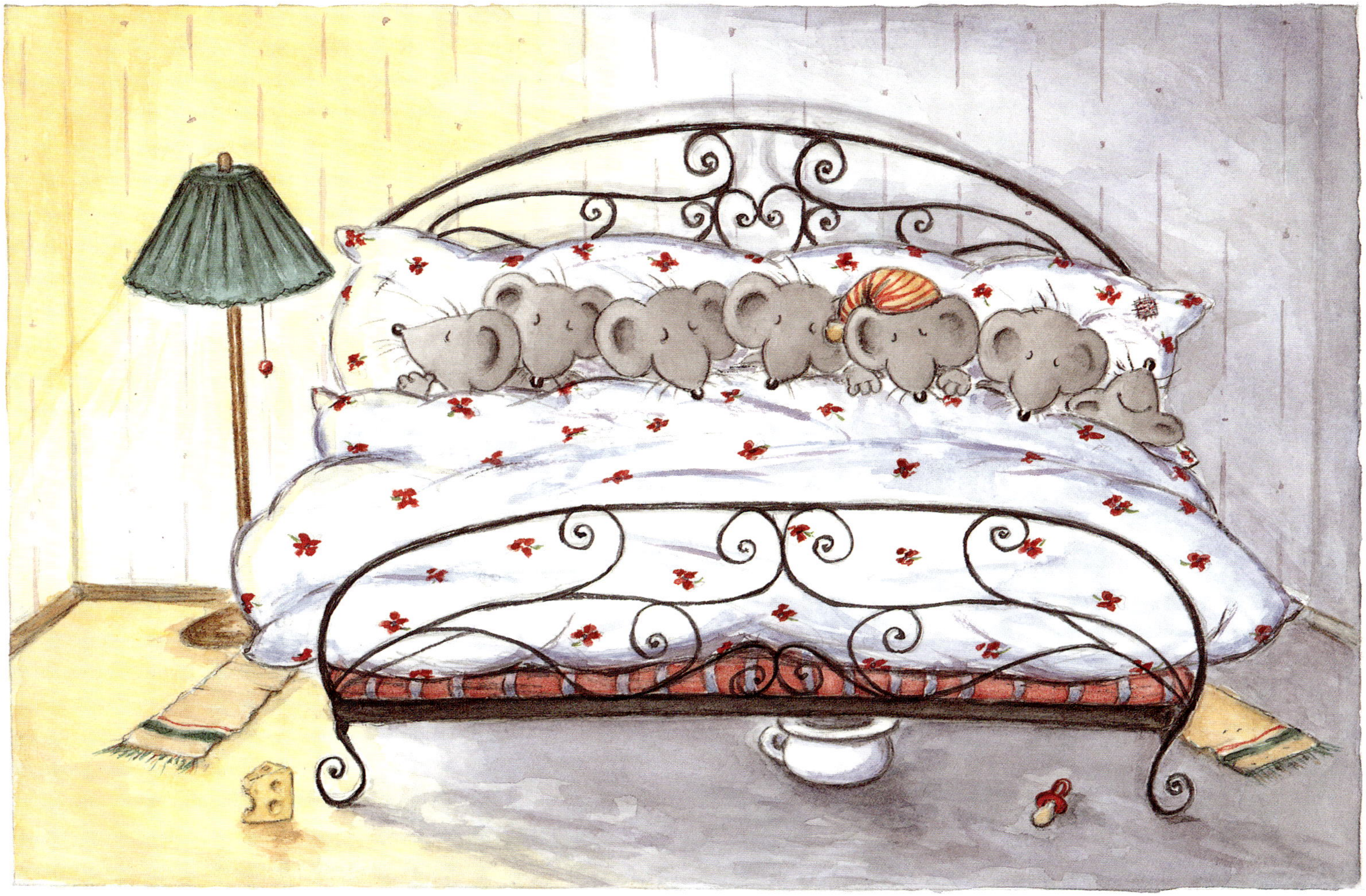

Bärbel Haas, geb. 1956 in Köln, studierte Anglistik und Romanistik und bildete ihre künstlerische Begabung autodidaktisch aus. Ihr Debüt gab sie mit der Veröffentlichung von Postkarten.

Neben den Kalendern sind in der Galerie in der Töpferstube seit 1989 folgende Kinderbücher erschienen:

Der verzauberte Regentag
Kommt ein Hase geflogen
Der Käsespion
Der Piratenschatz
Hexentee und Königskuchen
Überraschung für Papa und
Das Piratengeheimnis.

Sie schreibt und zeichnet auch für ‚Die Sendung mit der Maus'.

Bärbel Haas ist verheiratet, hat eine Tochter und lebt in der Nähe von Salzburg.

1. Auflage 1995
2. Auflage 1995

© 1995 Galerie in der Töpferstube · Würzburg
Alle Rechte vorbehalten
Einbandgestaltung von Bärbel Haas
Herstellung: R. Höchst, Dießen
Gesamtherstellung: Fotolito Longo
Printed in Italy

ISBN 3-924561-15-x

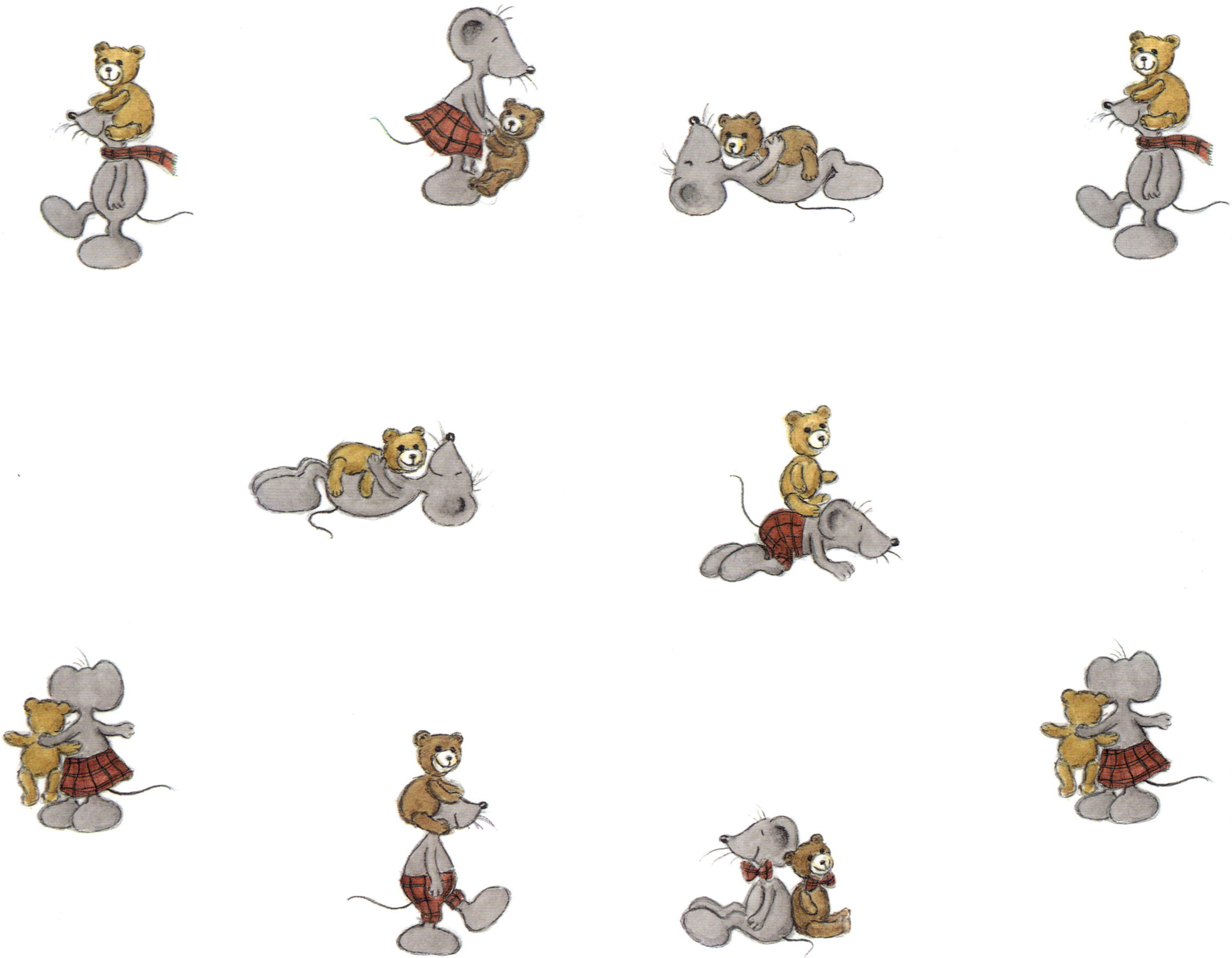